Bibliografische Information der Deutschen Nationalbibliothek:
Die Deutsche Nationalbibliothek verzeichnet diese Publikation
in der Deutschen Nationalbibliografie;
detaillierte bibliografische Daten sind im Internet über
dnb.dnb.de abrufbar.

Coverdesign, Herstellung und Verlag:
BoD - Books on Demand, Norderstedt
ISBN 978-3-7557-7979-7

Andrea Kläger
Ich bin nicht allein

Vorwort zu diesem Buch, wenn man sich die
Spannung schon vorwegnehmen lassen will.

Tragische Schicksale ereigneten sich in der Pandemie und eine dieser Geschichten ist meinem Mann und mir widerfahren. Aber es ist kein Grund aufzugeben, wir lernen dazu und können auch immer etwas gewinnen, auch wenn wir es nicht sofort begreifen.

Aus der Sicht einer Angehörigen

Ich möchte hier noch einmal zusammenfassen was mein geliebter Mann alles durchleben musste nur weil die Medizin noch nicht in den Menschen und seine Nervenverbindungen hineinschauen kann. Verstehen Sie mich nicht falsch aber ich als Ehefrau war immer am verzweifeln weil mir keiner genau schildern konnte auf was ich mich einstellen soll Punkt heute weiß ich dass ein Schädelhirntrauma etwas ist das man keinem anderen Menschen wünscht. Mein Mann verlernte seine Nervenbahnen zu kontrollieren und zu verstehen. Es ging schleichend und schrittweise dann stockte es auf unbestimmte Zeit Komma und dann kam es wie ein Schub manchmal war es wieder weg komm mal als wenn es nie dagewesen wäre. Aber manchmal setzte sich etwas fest und dann waren Fähigkeiten für immer verloren und konnten auch nicht durch wiederholen wieder erlernt werden! Jemanden in dieser Zeit zu begleiten kostet sehr viel

Kraft und braucht ein immenses Vertrauen, was immer wieder neu auf die Probe gestellt wird ich würde gerne so viele Streitgespräche rückgängig machen Komma so viele falsche Verdächtigungen der Faulheit und Schauspieler i ... Aber nun zur Sache: mein Mann war Sportler und hatte schon mit der Aufgabe seines Sportes zu kämpfen, da sein Herz nun mal auf diese Höchstbelastungen trainiert war und es ihm abverlangte immer wieder diese Frequenzen abzurufen! Sonst fängt das Herz an zu spinnen und die Hände schwollen an Komma der Kreislauf versagte oder ähnliches Punkt man diagnostizierte einen Rechtsschenkelblock und er musste damit lernen klar zu kommen nun mit dem Alter war das nicht immer einfach und durch ein neues Knie war das mit dem Joggen auch nicht mehr so gut. Aber mit einem Sonntag und einem Rom dränger kam er ganz gut zurecht ein wenig Bluthochdruck ist da schon gar nicht mehr erwähnenswert ... Jedenfalls war es immer schlechter geworden mit seiner Art zu laufen Punkt er wurde unsicher und konnte sich das aber selbst auch nicht erklären woran das genau lag. Ein sogenannter Seemanns Gang wurde bei ihm festgestellt und nun mal waren aber nicht sicher woher dieser denn kam! Eines Tages, als er mit dem Hund in den nahe gelegenen Supermarkt ging ist er dort vor der Tür umgefallen! Mit dem Kopf aufgeschlagen und war bewußtlos! Da fing die Suche nach der Ursache dann wirklich richtig an Da fing die Suche nach der Ursache dann wirklich richtig an! Die Platzwunde an der Schläfe war das kleinere Übel und konnte genäht werden Komma aber nach der Bewusstlosigkeit wurde ein MRT vom Schädel gemacht und eine Wasserblase im Hirn festgestellt Die Platzwunde an der Schläfe war das kleinere Übel und konnte genäht werden Komma aber nach der Bewusstlosigkeit wurde ein MRT vom Schädel gemacht und eine Wasserblase im Hirn festgestellt! Die Blase war mit Nervenwasser gefüllt welches nicht richtig ablaufen konnte und drückte auf sein Geldvermögen. Mein Name einfach einmal an das ein Krampfanfälle diesen Sturz ausgelöst hätte und er wurde ein komplettes Jahr auf Epilepsie behandelt. Meiner Meinung nach falsch da ich selbst an dieser Krankheit leide und er keinerlei Symptome von Krämpfen zeigte aber es dauerte sehr lange sich aus diesen Medikamenten wieder herauszuschleichen Punkt dazu wurde eine Probe gemacht Komma um das Hirnwasser abzulassen Komma was mit einer Punktion geschah, gleichzeitig wurde durch ein Loch in der Schädeldecke alles kontrolliert! 2015 bekam mein Mann eine sogenannte Ventrikel Drainage verlegt eine Maschine im Kopf implantiert welche dafür sorgte dass immer genug Nervenwasser ablaufen kann und sich diese Blase nicht gleich wieder füllt Krankheiten sind Monster die sich immer einen Weg suchen. Die Gangschwierigkeiten kamen zurück, ein

Jahr war fast alles in Ordnung und dann ging es wieder los.

Nach immer wieder neuen Einstellungen und zwischendrin immer langen Wartezeiten, ohne dass sich etwas änderte oder besserte kam nun endlich eine Ärztin drauf, dass da noch etwas anderes schuld sein könnte. Und als hätte er nicht schon genug Probleme, wurde auch noch eine Spinalstenose fällig. Die lange Zeit, die immer zwischen den Terminen verstrich, machte es der Krankheit möglich sich festzusetzen. So dass es nachher irreparabel war. Aber was wussten wir denn davon. Die letzte OP verlief gut und fünf Halswirbel wurden abgefräst, damit das Rückenmark wieder Platz hätte, aber das Hirn verzeiht nicht alles! Somit saß mein Mann dann im Rollstuhl.

Mein geliebter Mann, bitte verzeih mir meine Ungeduld, es geschah nur aus Sorge um Dich!! Was auch noch zu erwähnen wäre, mein Mann hatte mir immer beteuert, dass er keinerlei

Schmerzen verspürte, aber den genauen Grund konnte uns keiner sagen!

Da ich mich immer noch mit diesen Texten befasse und aufsauge, was mir unter die Finger kommt habe ich jetzt erst, ein Jahr später verstanden, dass ein Schädelhirntrauma auch erst nach Jahren immer noch Beschwerden auslösen kann!

Und die Medizin ist doch so oft noch machtlos!

Dieses Buch ist nicht nur meinem Mann gewidmet, sondern auch allen, denen in der Zeit der Pandemie so viel Leid ertragen mussten und auch denen, die tapfer weitergemacht haben. Wir müssen im Gedenken an die Opfer weiter leben und stark bleiben!

Inhalt

Kapitel 23: Meine Welt hat sich verändert

Ich bin nicht allein (eine Begebenheit in der Pandemie)

Da sitzt man nun und sagt man schreibt alles einmal auf Comma jedoch wenn man dann am PC sitzt dann fragt man sich bei all den vielen Gedanken im Kopf wo fängt man denn eigentlich an?

Ist es denn für andere auch interessant aber wem auch immer ich meine Geschichte erzählte sie hatten alle Gänsehaut ich war und bin sehr verrückt nach Tieren und mit meinem Mann konnte ich das wunderbar ausleben denn er war genauso. Wir hatten Katzen und Hunde und auch mal einen Hasen und Ratten doch nach und nach gingen sie alle den Weg des Irdischen und wir mussten sie von Krankheiten erlösen aber das war ja auch in Ordnung sie lebten halt nicht so lange wie ein Mensch als unser Märchen begann hatten wir noch einen Hund er hieß Fuego und war ein Labrador -Rottweiler Mix. Ein sanfter

Riese Komma der auch im Umgang mit Kindern eine Wucht war Punkt er war der Hund des Lebens meines Mannes Komma wie er es selbst immer gerne beschrieb. Eigentlich hatte er gehofft man könnte mit ihm Welpen nachzüchten Komma aber das hat der Liebe Gott dann doch nicht gewollt. Vielleicht weil er schon wusste Komma dass dort in Frankreich ein armes Hündchen unter ganz schlechten Bedingungen auf die Welt gekommen ist doch eine Krankheit wollte Besitz von meinem Mann nehmen und er konnte immer schlechter laufen Komma da war an einem Welpen nicht mehr zu denken. Ich musste immer noch Vollzeit arbeiten Komma da wir auf das Geld schon angewiesen waren und das Gassi war die Aufgabe von Gunter bis dahin. Dann schlug die Krankheit zu und er konnte immer weniger laufen, er geriet in ein Schaukeln und verlor mehrere Male auch das Gleichgewicht. Nicht nur einmal hat ihn eine Nachbarin nach Hause gebracht aber wir haben das

Leben gemeistert, mehr oder weniger! Und wir wollten auch mit unserem Wohnmobil noch einmal nach Frankreich. Nachdem wir bereits einen wunderschönen Urlaub in der Normandie verbracht hatten, sollte es jetzt ein großes Stück an der Loire entlang gehen! Ich hatte schon im frühen Jahr angefangen zu planen und wollte alles perfekt machen Komma das sollte ein Traumurlaub werden! aber das Schicksal hatte wieder eine Überraschung auf Lager! Ein Besuch in Tübingen sollte Klarheit über die seltsame Krankheit meines Mannes bringen, er konnte teilweise nicht mehr richtig Autofahren Komma weil er rechts und links irgendwie durcheinander brachte Komma aber das ging alles so schleichend bis man es richtig einkreisen kann Komma ist dann schon einiges im Argen Punkt doch dann stand im Sommer die Diagnose soweit fest dass man ihm eine Drainage in das Hirn einbauen wollte. Aber das war eine teure und schwierige OP und so wollten sie mit einer Probe noch einmal ganz sichergehen: es wurde ein Loch im Schädel gemacht und gleichzeitig eine Punktion ausgeführt Komma wo man gezielt den Druck aufbauen konnte und auch ablassen konnte. Ich nannte diese OP eine Probebohrung ich wollte damit auch einen Teil meiner Angst überspielen und vertraute vollkommen auf die Ärzte. Mein Mann hat nie etwas von Angst oder ähnlichem gesagt . erst jetzt fällt mir auf Komma wie erfasst alles so als würde es irgendwie nicht betreffen alles so über sich ergehen ließ. Ich wollte ihm meine Ängste nicht zeigen und war immer voller Hoffnung aber die Achterbahn ging immer weiter nach unten aber auch immer mal ein wenig Bergauf, wie das eben bei einer Achterbahn so ist die Probe bestätigte die Diagnose und er wurde wieder aus der Klinik entlassen doch Komma nachdem was er mir erzählte dass der Eingriff erst nach unserem Urlaub stattfinden sollte war ich wütend: „ Du wirst doch nicht wegen dem Urlaub die

Operation nach hinten verschoben haben?"

Doch er konnte mich beruhigen , es war nicht seine Idee, sondern die Meinung der Ärzte Komma dass er sich von diesem Eingriff erst erholen sollte weil der nächste Eingriff dann auch nicht so einfach werden würde. Schließlich hatte man ihn ein Loch in die Schädeldecke gebohrt und das war keine einfache Operation. der Körper musste dies erst einmal verkraften und sich eine Weile schonen .Damit konnte er mich erst einmal wieder beruhigen und ich widmete mich wieder meiner Route an der Loire entlang!

Los geht's

Das Abenteuer konnte beginnen wenn
auch mit gemischten Gefühlen. Wir
fuhren mit dem Wohnmobil an die Lore
und die „ kleinen Probleme „die
Gunters Krankheit Mit sich brachte die
steckten wir einfach weg Autofahren
war kein Problem für mich und für alles
andere war ich dann halt auch noch
zuständig aber man wächst mit seinen
Aufgaben und dann bin ich da halt
reingewachsen es gab keine Diskussion
in Guten wie in schlechten Tagen
hatten wir uns versprochen und wir
waren beide entschlossen es zu halten
mit an Bord war Fuego unser
wunderbarer Hund Mein Mann Gunter
und ich das Märchen konnte beginnen
und wie es begann:

nach 2 Tagen hatten wir die Loire bei
Blois erreicht Und dort standen wir
direkt am Ufer mit einem Postkarten
Blick auf den Fluss und einer seiner
herrlichen Brücken! Ein Platz zum
Übernachten Wunder schön, aber das
Schicksal meinte es anders: unser

Kühlschrank war die ganze Zeit auf Autobatterie gelaufen und wollte sich nun nicht mehr umstellen lassen nach vielen Versuchen kam ich zu dem Entschluss dass wir wohl weiterfahren mussten um einen Stellplatz mit Stromanschluß zu finden so machten wir uns auf die Suche! Es waren bestimmt fast 50 Kilometer am Fluss entlang aber es musste ja sein sonst hätte ich meine ganzen Vorräte wegschmeißen können und das war nicht wenig! aber wir fanden einen Platz in Angè , ein kleines Örtchen an einem Nebenfluß der Loire. Auch einen netten Nachbarn hatten wir gleich gefunden, welcher bereit war uns seinen Stromanschluß zu überlassen.

Jetzt, ein paar Jahre später erkenne ich den Sinn darin, denn so fügte sich alles zusammen.

Denn dort wartete ein kleines Hündchen auf uns, welches eine Familie dringend brauchte, so wie ich ihn heute brauche!

Zurück zur Erzählung: Angekommen sind wir zur später Stunde und nachdem ich alles angeschlossen hatte und mit Fuego noch eine Runde gedreht hatte, war Schlaf das einzige, was wir alle brauchten.

Am anderen Morgen ging ich natürlich wieder zuerst mit dem Hund Gassi, um anschließend Frühstück zu machen, währenddessen beobachtete mein Mann zwei Hunde auf der angrenzenden Wiese und konnte keine Besitzer weit und breit sehen.

Der eine schien ein englischer Cockerspaniel zu sein und der andere sehr jung aber schon deutlich größer, fast wie ein Setter in Schwarzweiß. Oder ähnliches.

Auf jeden Fall hatte er sehr lange Beine und mein Mann vermutete, dass er ein Mäntelchen umhatte: „Schatz schau doch mal, was der da komisches anhat!" – Es stellte sich heraus, dass es nur die Färbung seines Fells war und aussah, als hätte er ein Bolerojäckchen um. Die zwei waren gemeinsam unterwegs, aber sie gehörten absolut nicht zusammen! Der junge Hund suchte einfach nur Anschluss, an jemandem, an dem er sich orientieren konnte.

Wir fanden nach einigen Ortsspaziergängen auch den anderen Hund in einem Garten, hinter einem Zaun, aber die Besitzer kannten den kleinen nicht. Niemand im Ort wollte den jungen Hund kennen oder auch nur haben wollen. Wir blieben noch zwei Tage und der kleine schloss sich uns immer mehr an! Er hatte es bestimmt gleich entschieden: „Bei Euch bleib ich!"

Er legte sich zum Schlafen zu uns und ging mit uns Spazieren, wobei wir einmal zuschauen mussten,wie er fast von einem LKW überfahren wurde, weil er mitten auf der Straße lief!

Zuwachs an Bord

So nahm ich unserem Fuego das Halsband ab und legte es dem Streuner um und konnte ihn so an der Leine führen und vor dem Schlimmsten bewahren. Ich hätte mir das nicht mit anschauen können, wenn ihm etwas passiert wäre….Das Schicksal hatte zugeschlagen! Jetzt waren wir von dieser Zeit an mit zwei Hunden unterwegs. Die beiden verstanden sich prächtig von Anfang an, was bei zwei Rüden nicht immer der Fall sein muss!

Wir konnten beobachten, dass die zwei sich wie Vater und Sohn benahmen. Der Kleine versuchte immer den großen nachzuahmen und der Große ließ sich alle Belästigungen von dem Jungen gefallen. Erst später schaltete sich Fuego in die Erziehung mit ein und maßregelte den jüngeren, wenn es zu doll wurde!

Es war beschlossen und ein neuer Name wurde nun ausgesucht: Er sollte noch etwas französisches haben, denn dort kam er ja her aber gleichzeitig sollte er zu dem Kerl auch passen und da er gerne Blödelte und Quatsch machte kamen wir auf Kasper. Ins französische gelenkt wurde daraus Caspar und somit hatte er seinen Namen.

Es wurde ein wunderschöner Urlaub, auch wenn es eng wurde im Wohnmobil! Mit Gunters Krankheit (glaubten wir damals noch) konnten wir ganz gut umgehen!!! Doch wir wurden immer mal wieder überrascht Es ist so unverständlich, wenn ein Mann von zwei Zentner sich manchmal wie ein kleines Kind verhält und dann wieder völlig normal, manchmal fast weinerlich und dann wieder stur. Dann wollte er wieder keine Schwäche zeigen und immer, wenn man mit einer Sache rechnet, dann kommt wieder etwas ganz anderes.

Was auf der einen Seite ein wunderbares Märchen war, war auf der anderen Seite ein trauriges Drama! Doch immer war mein Motto: „Wir gehen da durch und wir sind gemeinsam stark!!"—Hat ja auch immer gut funktioniert

Nun sind wir erst einmal zum Meer gefahren mit einigen Stopps und auch einer Schloss Besichtigung bei der Gunter nicht mit hinein ging, um auf die beiden Hunde aufzupassen, direkt vor dem Schloss Villandrie. Dort war ein kleines Wagen als Café aufgestellt und er wartete auf mich. Er fühlte sich gut an diesem Tag und wollte mir die Besichtigung gerne ermöglichen. Nun, drinnen musste ich meine Tissot Armbanduhr als Pfand hergeben, damit ich so einen Guide mit Kopfhörer ausleihen konnte. Aber alles gutgegangen und ich habe sie wiederbekommen.

Dann kam ich nach draußen und Gunter war weg!

Mitten in Frankreich und das Wohnmobil ca. einen halben Kilometer weit weg! Nach kurzer Besinnung und lautem Rufen kam ich zu dem Schluss dass ich zum Auto laufen sollte! Dort traf ich ihn dann und sein Zustand war nicht gut! Er war verzweifelt und erzählte mir seine Geschichte: --Die Hunde wollten nicht am Platz bleiben und wurden unruhig und da beschloss er aufzustehen und eine kleine Runde zu laufen, dabei hat er seinen Geldbeutel auf dem Stuhl liegen lassen. Ein Franzose hat das beobachtet und als Gunter nicht zurück kam hat er den Geldbeutel an sich genommen und sich auf die Suche nach ihm gemacht. In der Zwischenzeit hatte Gunter den Verlust bemerkt und war wieder auf dem Weg zum Platz, da wurde er von dem Franzosen angesprochen. Dieser zeigte ihm den Geldbeutel und Gunter sackte fast zusammen vor Erleichterung, denn darin war unser gesamtes Budget für den Urlaub.

Als er sich wieder berappelt hatte wollte er dem Mann etwas geben, was dieser aber ablehnte, doch auf ein Glas Bier ließ er sich einladen. Danach lief Gunter zum Wohnmobil zurück, weil er die Zeit nicht mehr einschätzen konnte und dachte, dass es auch mein Gedanke sei, wenn ich ihn am vereinbarten Platz nicht finden würde. Hat ja auch gepasst. Dort in der Nähe haben wir uns dann auch getroffen. Das musste ich jetzt auch erst einmal verdauen! Was hatten wir für ein Glück gehabt!

Wir sind dann auch gen Heimat aufgebrochen, da wir Caspar ja noch unserem Tierarzt vorstellen mussten um ihn impfen und chippen zu lassen.

Es geht immer noch schlechter

Das ist eine Überschrift, wie ein Damoklesschwert!

Aber genau das trifft genau diese Zeit, welche wir durchmachen mussten. Die Freude über unseren Hundezuwachs wurde arg getrübt, da sich mein Mann in keiner guten Verfassung befand, aber die bevorstehende Operation hat uns Hoffnung gegeben.

Nun habe ich in dieser Zeit auch viel Gutes erfahren, lernte neue Freunde kennen, da ich ja nun das Gassi komplett übernahm und da lernt man immer Leute kennen. Besonders auch eine „Beste Freundin", wäre ohne die schlimmen Erfahrungen wahrscheinlich nicht passiert. Sie gaben mir viel Halt, wenn ich verzweifelt war und das war ich ja in der kommenden Zeit fast immer, durfte es aber nicht zeigen, weil ich das meinem Mann ja nicht offen legen durfte. Meine Freundin gab mir einen Schubs, wenn ich ihn brauchte und sie tröstete mich, wenn ich so fertig war.

Als Gunter aus dem Krankenhaus kam war es viel besser!

Er konnte wieder einigermaßen grade laufen und wir schliefen in dieser Nacht voller Hoffnung ein.

Aber schon am anderen Morgen wurde die Freude wieder getrübt. Er wachte mit einem stark angeschwollenen Schädel auf und sah aus wie ein Monster!

Sofort mussten wir die Wiederaufnahme in die Klinik veranlassen und dort wurde er eine Woche lang am Tropf mit Antibiotika behandelt. Erst dann wurde es besser. Sein neuer Zimmergenosse war selbst Arzt und erklärte ihm, dass er verdammtes Glück hatte, und er einen Krankenhauskeimeingefangen hatte. Einige Stunden später und es wäre sein Ende gewesen.

Auch das haben wir geschafft! Was soll denn jetzt noch passieren! Dachten wir....

Es ging immer schlechter mit dem Laufen, es fing alles wieder an. Nach einem kurzen Hoch ging es wieder bergab. Und gleichzeitig hatte unser Fuego sehr starke Probleme bekommen, was wir mit Tabletten noch eine Weile eindämmen konnten, aber es war nach der dreifachen der empfohlenen Dosis auch irgendwann nicht mehr mit anzuschauen.

Wieder einmal mussten wir unser Versprechen einlösen, aber er war doch ein besonderer Hund für uns, er war so eigenständig und Gunter war besonders so vernarrt in ihn. Er nannte ihn immer: „Das ist der Hund meines Lebens, so wie du die Frau meines Lebens bist!"

Wir bekamen ihn mit 8 Wochen und er war unser Baby, doch er sah mich an diesem Morgen mit ganz großen Augen an und wollte sich hinlegen, aber die

Hinterbeine knickten nicht ein, sie waren wie steif! Mit fast 13 Jahren ist das bei so großen Hunden kein gutes Zeichen und wir lebten im zweiten Stock! Ohne Aufzug im Haus!

Vielleicht ist an diesem 19.12.2017 auch ein Stück Lebensfreude meines Mannes gestorben. Es war auf jeden Fall immer weniger Kampfgeist bei ihm zu spüren, er gab sich auf und wartete eigentlich immer nur ,dass Hilfe von außen bei ihm einen Schalter umlegen könnte! Aber je weniger es bei ihm wurde, desto mehr musste ich doch kämpfen, um ein gemeinsames Leben aufrecht zu erhalten

Caspar und Fuego waren wie zwei Brüder oder wie Vater und Sohn, der Große zeigte dem Kleinen so viel, was wir ihm schon nicht mehr beibringen mussten! Es hätte doch so weitergehen können!

Die ganze Mimik meines Mannes erstarrte langsam immer mehr und man sah keinerlei Gefühlsregung mehr

bei ihm, er nahm alles hin wie es denn
kam und das frustrierte mich sehr!

Zu Fuß ins Krankenhaus und mit dem Rollator wieder nach Hause

Unser Wohnmobil war das nächste, was wir aufgeben mussten, nachdem Gunter schon mit viel Festhalten rückwärts die zwei Stufen runtergestiegen war, wurde das auch noch schlechter und ich wollte nicht, dass er noch aus der Tür rausfällt. Wieder ein Traum der aufgegeben werden musste!

Wir konnten seine Krankheit nicht aufhalten und wie schon erwähnt blieb immer etwas von diesen Schüben zurück, unwiederbringlich….

Mal konnte er das Messer nicht halten, mal den Löffel, dann gab es Probleme im sanitären Bereich, die Konzentration ließ auch nach kurzer Zeit immer mehr nach. Ich war dazu verdammt nur zuzuschauen!!!

Kein Arzt konnte mit mir Klartext reden, es kamen immer nur Phrasen, mit denen ich nichts anfangen konnte: „Es wird sich verändern, aber nicht unbedingt schlechter! Wir müssen es annehmen, wie es kommt!"

Das war für mich das Schlimmste, denn ich konnte nicht alles so hinnehmen, seit meiner Diagnose von der Epilepsie (damals war ich 16) kämpfte ich dagegen eine Krankheit einfach nur anzunehmen. Ich wollte immer das Beste daraus machen um ein „NORMALES" Leben zu führen. Dieser Wunsch war so stark in mir verankert, dass ich nicht anders konnte, als kämpfen. Die Sachlage analysieren und nachdenken, mit welchen Hilfsmitteln ich dagegen halten könnte….

Den Mut nicht aufzugeben, das wollte ich auch bei meinem Mann sehen, schließlich war er einmal Schwergewichtsboxer und wusste zu kämpfen!

Oh was haben wir für Diskussionen geführt, weil ich glaubte, er müsse sich nur mehr anstrengen und üben! Heute weiß ich, dass er es gar nicht mehr konnte und bereue so manchen Streit deswegen. Doch es ist nicht mehr möglich das Rad zurückzudrehen. Das ist genau das, was einen nachher so zermürbt, weil man vielleicht vieles ganz anders gemacht hätte, aber wer sollte das vorher schon wissen!

Gunter kam also abermals in die Klinik und als er zu mir zurück kam hatte er einen Rollator! Aber das Ding war ihm verhasst und er wollte nicht richtig lernen damit umzugehen!

Das war der Moment, als er nicht einmal mehr das Haus ohne Hilfe hätte verlassen können.

Unsere Wohnung war im zweiten Stockwerk und das Schlafzimmer noch einmal eine Treppe höher. Unser Herz hing an der Wohnung, sie war groß und hell, West-, Süd- und Ostfenster. Und sein Erbstück der Mutter!

Wenn ich unser gemeinsames Schlafzimmer aufrecht erhalten wollte, dann musste ich mir etwas einfallen lassen. Außerdem brauchten wir dann auch noch Hilfe beim Waschen, Duschen und so weiter, denn er konnte sich bald nur noch sehr schwer im Stand halten. Ohne festhalten war es gar nicht möglich und auch das Festhalten wurde immer weniger…

Ich engagierte einen mobilen Pflegedienst und ließ einen Herren vom Sanitätshaus unsere Wohnung begutachten, er teilte mir Möglichkeiten mit, wie wir nach den Fähigkeiten von Gunter unsere Wohnung ändern könnten.

Der Treppenlift

Mittlerweile hatte mein Mann den Pflegegrad 3 und die Krankenkasse hat mir viele Sachen erleichtert mit Zuschüssen, dass sei hier ausdrücklich noch einmal erwähnt, aber den überwiegenden Teil trugen wir ja doch selbst!

Erst bekam Gunter ein Gestell als Krankenbett, damit wir noch nebeneinander schlafen konnten, das wurde in den Rahmen des Ehebettes gestellt und man konnte die Liegefläche hochfahren, was das Aufstehen erheblich erleichterte. Zusätzlich einen Badewannenlift, da konnte man ihn in der Badewanne hoch und runter bewegen. Und dann letztendlich der Treppenlift.

Meine Arbeitszeiten konnte ich reduzieren, da ich meinen Mann nicht mehr so lange alleine lassen konnte. Diese Zeiten wurden dann immer mit den Besuchen vom Pflegedienst überbrückt, so dass es ein Kommen und Gehen in unserem Heim war. Außerdem half meine Freundin kräftig beim Gassi mit, und natürlich hatte jeder auch einen Schlüssel, Privatsphäre ade...

Es war ein halbes Jahr vielleicht, wo wir den Treppenlift wirklich nutzen konnten, aber es wurde immer schlechter und die Damen vom Pflegedienst hatten immer mehr ihre liebe Not für das Nötigste zu sorgen. Es kam der Tag, an dem er auch nicht mehr auf den Badewannenlift umgesetzt werden konnte, ohne vielleicht noch einen Unfall zu produzieren. Es wurde beschlossen ihn im Bett zu waschen. So konnte ich wieder umplanen und beschloss den Treppenlift wieder zurückzugeben. Diese Verhandlungen waren enttäuschend, denn von ehemals 6000€ Kosten blieben uns beim Rückverkauf nur noch 500€! Nun hatte die Krankenkasse 4000€ zugeschossen, aber es blieb ein großer Verlust.

Ich hing immer zwischen Hoffnung und Kampf in der Luft und musste mit ansehen, wie Gunter sich immer mehr aufgab und keine Freude mehr am Leben hatte.

Das ging so weit, dass er mich eines Tages bat, ich möge ihm doch etwas besorgen, um Schluss zu machen!!

Daran hatte ich zu knabbern, das tat so weh, meine Nerven lagen blank. Ich bekam so schreckliche Angst, weil ich nicht wusste, wie ich darauf reagieren sollte. Natürlich kam das für mich nicht in Frage, aber wenn man das alles einmal mit durchgemacht hat, dann kommt man wirklich ins Schleudern.

Auch meine Freundin hatte er danach daraufhin angesprochen, aber sie war gefestigter als ich und versuchte es ihm auszureden. Jedenfalls war nach geraumer Zeit nicht mehr die Rede davon. Vielleicht hat er aber auch nur aufgegeben, wie er alles nach und nach aufgab. Wir schleppten uns so durch und nur wenige Menschen bekamen das hautnah mit, was wir in dieser Zeit durchgemacht haben.

An dieser Stelle möchte ich all denen noch einmal für den Beistand danken! Man konnte ja nicht viel machen, aber es waren Menschen für uns da und so waren wir nicht allein. Außerdem danke ich immer wieder meinem Hund Caspar, der mich wenigstens eine kleine Weile am Tag in eine andere Welt holte und mir seine Lebensfreude zeigte, die dann auch auf mich übersprang. Bevor die ganzen Sorgen mich wieder einholten.

Als mein Mann im Frühjahr 2019 noch einmal zu einer Reha kam, befasste ich mich damit, dass wir eine ebenerdige Wohnung brauchten. Gunter war jetzt schon fast 9 Monate ganz isoliert von der Außenwelt, weg vom Leben! Nur Telefon und Fernsehen, außer dem Pflegedienst und mir keine Ansprache, da verkümmert man doch., das wollte ich ändern! Mindestens einmal pro Woche kam der Notdienst, weil mir mein Mann, beim Umsetzen auf die

Toilette oder ins Bett, durch die Hände glitt und ich ihn allein nicht mehr aufheben konnte. Es waren sehr gefährliche Situationen dabei, als er mich z.B. einmal am Waschbeckenrand einklemmte und er sich gar nicht bewegen konnte. Ich kam nicht mal an den Knopf an seinem Handgelenk und lag auf mir und brach mir fast die Wirbelsäule. Es war nicht so, dass er gelähmt war, aber sein Körper konnte die Befehle des Hirns manchmal nicht ausführen, erst jetzt beim Schreiben lerne ich so vieles zu verstehen. Wie Don Quichotte kämpfte ich gegen Windmühlen, gegen Geister, die ich nicht sehen konnte.

Wenn ich zu ihm sagte er soll festhalten, dann ließ er los und bei links reagierte rechts, sollte er sich ins Bett ziehen, dann stützte er sich ab. Das kann ein gesunder Mensch nicht nachvollziehen, denn es war ja auch nicht immer gleich verdreht, manchmal funktionierte es auch. Das war alles so schwierig zu verstehen. Die

Verknüpfungen zu den Nerven waren blockiert und geschädigt und auch wenn ich den Arm berührte, den er heben sollte, geschah manchmal nichts. Es war so schlimm für mich, aber wie schlimm musste er sich fühlen, wenn er mir manches Mal weh tat, er konnte aber nichts dafür.

Gunter hat aber dagegen nicht rebelliert, er hat das alles nur erduldet und mich machen lassen, dass ein so großer starker Mann sich so ergeben hat war mich sehr traurig mitanzusehen.

Ich habe das Schlafzimmer nach unten verlegt, alles allein. Hätte ich mir sonst nie zugetraut ein Bett ab und wieder aufzubauen! Und nebenbei schaute ich mit das Neubaugebiet in der Nähe an.

Als Gunter dann in der Reha war sprach ich mit seiner Tochter und seinem Bruder darüber die Wohnung zu veräußern und eine ebenerdige Wohnung zu suchen und zu kaufen. Sie stimmten mit ein, dass es wohl die beste Möglichkeit sei. Danach sprach ich mit Gunter und er erteilte mir sämtliche Vollmachten, um alles in die Wege zu leiten. Wieder Hoffnung schöpfen, das es besser werden wird, wenn er wieder Kontakt zur Außenwelt bekommt! Aber es war noch alles im Rohbau und da gab es noch so viel zu erledigen…. Ein Makler konnte mir wenigstens beim Verkauf unserer Wohnung helfen. Damit da nicht noch ein großer Fehler passiert! Denn das war unsere Existenz!

Umziehen und minimieren

Wie schon einmal aufgeschrieben, ich habe nach dem Ausbau des Treppenlifts unser Schlafzimmer in das Wohnzimmer verlegt! Somit konnte ich nun unsere ganze Habe einmal durchsehen und wegwerfen, was wir schon lange nicht mehr brauchten. Unsere neue Wohnung sollte ja wesentlich kleiner werden, denn die Einheiten im Neubaugebiet waren sehr teuer.

2020 im Januar konnte ich meine Arbeitszeiten noch einmal von 30 auf 24 Wochenstunden reduzieren. Damit hatte ich wieder Zeit für die Einrichtung der Wohnung bekommen, wenn auch weniger Geld, aber da ich keine Zeit mehr zum Ausgeben hatte.

Die Termine um das Krankenbett auch nach unten zu verlegen mussten auch mit dem Ausbau des Treppenlifts koordiniert werden, wo sonst sollte Gunter schlafen und die neue Küche musste ausgesucht werden, Haltegriffe für Gunter im neuen Bad platziert werden, da waren so viele neue Herausforderungen und dann drohte uns auch noch eine Pandemie!

Das war für jeden Menschen schwer zu verstehen, was da alles noch auf uns zu kam und worauf wir dann alle noch verzichten mussten.

Es musste der jetzige Hausrat um so vieles reduziert werden und die neue Wohnung gleichzeitig vorbereitet werden, denn eigentlich war diese nicht Behinderten gerecht. Aber ebenerdig mit Terrasse und das sollte doch vieles erleichtern. Außerdem wusste ich seit dem letzten Gespräch mit dem Herrn vom Sanitätshaus, worauf ich achten sollte bei der neuen Einrichtung. Ich wollte Gunter dazu anhalten sich vielleicht auch ganz allein mal etwas aus dem Kühlschrank zu holen oder einen Kaffee zu machen. Ein wenig blind vor Hoffnung war ich wahrscheinlich schon, aber genau das trieb mich ja an. Er hätte es wohl noch weniger versucht, wenn ich nicht immer gegen alle Widrigkeiten doch daran geglaubt hätte.

Ich musste einteilen, wann und wie oft der Pflegedienst kommen sollte, dann die Wohnungen zusammenführen und dann kam auch noch die Protokollierung, die ewig dauerte. Wann konnte meine Freundin den Hund versorgen, sie hat ja schließlich auch noch eine Familie.

Einkaufen, Kochen , Hund ,Haushalt, Arbeiten, Mann pflegen, Wäscheberge verschaffen, Arbeiten im Geschäft, dazu die Termine wahrnehmen, da blieb nun wahrlich kein Platz mehr für mich, ich durfte gar nicht schlapp machen, da war keine Zeit für. Organisieren was das Zeug hält, Sachen aussortieren, Kisten packen und wieder neu umpacken, ich hatte das Gefühl, dass ich unser halbes Leben wegwerfen musste. Aber in der neuen Wohnung war kein Platz für unnötige Sachen.

Selbst beim Aussortieren der Bilder wollte Gunter mir nicht dabei helfen, weil es ihn so traurig machte an die Zeiten zu denken, als wir noch unterwegs waren.

Ich glaube jetzt, er hatte auch sehr viel Angst vor dem, was kommt, aber er hat mir seine Angst nie gezeigt. Er hat sich immer nur noch leiten und führen lassen, nie etwas bemängelt oder geknottert, nur wenn ich nicht schnell genug wieder zu Hause war, dann gab es Ärger! Hätte ich nur mehr Zeit für ihn gehabt, es war wie in einem Alptraum, und ich wäre gerne Schreiend in den Wald gelaufen, aber ich wachte nicht auf, es war kein böser Traum sondern Realität!

Gerade noch rechtzeitig

So gingen die übervollen Tage ins Land
und da ich ja sowieso kaum nach
draußen kam, merkte ich von der
Pandemie so viel auch nicht, außer dass
Händewaschen und Desinfektion und
Maske tragen jetzt Pflicht waren!

Die Feiertage gingen rum ohne Deko
nur mit dem allernötigsten, aber wir
schafften auch das. Dann kam die
Botschaft: „Wasserschaden im neuen
Haus!!!"

Die Arbeiter hatten über die Feiertage
auch nicht gearbeitet und im Keller war
ein Wasserhahn offengeblieben und
das Wasser stand dort mehrere Tage!
Die ganzen Fließen im unteren Bereich
mussten wieder abgemacht werden
und einige Trocknungsgeräte mussten
aufgestellt werden und die liefen Tag
und Nacht!! Der Umzug musste noch
einmal verschoben werden. Auch die
Außenanlagen waren nicht fertig
geworden und immer wieder
verzögerte sich alles mögliche. Mit

vielen Gesprächen machten wir dann einen Kompromiss aus, da unsere Wohnung ja eigentlich fertiggestellt war, bis auf die Terrasse! Und wenn wir ein paar Schwierigkeiten beim Eingang zum Haus in Kauf nehmen würden, die Straße war noch nicht asphaltiert und man gelangte über einen Steg ins Haus, oder über die Tiefgarage. Und wenn uns das Geräusch der Trocknungsgeräte nicht stören würde…

Aber alles war doch besser, als noch länger von der Welt so isoliert zu sein!.

Es begann nun das schrecklichste Jahr meines Lebens, aber nicht nur für mich, sondern für sehr sehr viele Menschen auf der ganzen Welt!!

2020. – Das Jahr als Corona kam. Zuerst in Wuhan/China, aber schon nach wenigen Monaten am 11.März 2020 wurde Corona zur weltweiten Pandemie erklärt!

Der erste Lockdown begann am 22.03.2020 und das hat vieles noch einmal erschwert. Ohne Termin ging gar nichts mehr, wenn überhaupt noch etwas möglich war mussten überall Adressen und Namen hinterlegt werden. Jeder sollte zu Hause bleiben, aber wir wollten umziehen! Ich kann gar nicht mehr alles in der richtigen Reihenfolge erzählen, aber irgendwie schaffte ich es doch meinen Mann für 5 Tage in ein Pflegeheim bringen zu lassen, da er sonst ein paar Tage vielleicht sogar auf einer Matratze auf dem Boden hätte schlafen müssen. Nicht auszudenken, aber wir hatten ja Glück! Und wieder mussten Pläne gemacht werden. Wer hilft mir die Möbel aufbauen, und wann bestelle ich wieder das Rote Kreuz um meinen Mann aus dem Heim in die neue Wohnung zu bringen. Das musste ja immer mit so einem Tragestuhl passieren und so weiter. Aber ich fand so liebe Menschen, die mir zur Seite standen! Wenige, aber wir schafften das zusammen prima! Ich stehe heute noch in deren Schuld, wahrscheinlich mein Leben lang. So etwas kann man nicht wieder zurückgeben!

Einzug

Am 18. 04. durften wir einziehen! Da ich natürlich ausgerechnet an diesem Tag auch wieder arbeiten musste, also bis mittags, bot mir meine Freundin meine Wohnung noch einmal durchzuputzen und mir damit ein tolles „Heimkommen" beschert. Nach der Arbeit holte ich Gunter aus dem Heim und wir fuhren mit den Sanitätern in die neue Adresse! Das allererste Mal, dass Gunter die Wohnung sehen würde! Ich war so aufgeregt! Meine Freundin hatte auf dem Tisch noch eine ganz liebe süße Überraschung drapiert. Ich fand es sah alles kuschlig aus.

Als die Sanis gegangen sind platzte ich heraus:" Und was sagst? Schau mal so kannst du selbst in die Küche und an den Kühlschrank, und kommst eigentlich überall hin!"—

Eine Weile kam nichts und dann wie ein Schlag ins Gesicht :"Naja, klein!!"

Es tat so weh! All die Anstrengungen, dieses Zerreißen überall alles alleine auf die Beine zu stellen, und dann kommt „Klein!"

Ich hatte ja immer versucht ihn über alle Schritte zu informieren, aber anhand von den Plänen konnte er sich nichts vorstellen und Bilder schaute er gar nicht mehr mit mir an… Dann begann ich zurückzuschießen : „ Das hast du doch auch alles gewußt und außerdem ist alles neu, das ist immer teurer als alte Wohnungen, für das was wir bekommen haben für die alte Wohnung war keine Größere zu kriegen! Außerdem kannst du jetzt von hier aus auch zur Tagespflege und erlebst wieder mal was, und wenn dann die Terrasse fertig ist können wir draußen Frühstücken, wie mit dem Wohnmobil!!!"

Dann kamen mir die Tränen, ich konnte doch nicht zaubern, sonst hätte ich doch seine Krankheit weggezaubert. Heute weiß ich, er wollte mir nicht weh tun, aber er hatte keine Freude mehr und so hatten wir wieder eins der so unnötigen Streitgespräche, die ich nie vergessen werde.

Neue Hoffnung

Es war schon wieder alles geplant, der Pflegedienst kam am Montag zum ersten Mal um Gunter zur Tagespflege abzuholen. Gleich nach dem Duschen ging es los. Wie lange hatte er schon keine aushäusigen Aktivitäten mehr gehabt außer den Arztterminen und den Kuren. Obwohl er große Zweifel hatte, weil doch dort nur alte Leute sind!

Ich war zu Hause, als er wieder gebracht wurde und freute mich einmal wieder richtig auf ihn und ich konnte sofort eine kleine Wandlung verspüren! Er brauchte natürlich eine kleine Weile um sich von den Strapazen zu erholen und er wollte auch noch nicht mit mir darüber sprechen, aber dann ging das Telefon und ein ehemaliger Kollege von ihm rief an und dann konnte ich mitansehen wie er anfing am Telefon wieder Witze zu erzählen und dann kam ein Lachen. Ein herzhaftes Lachen, wie ich ihn schon Jahre lang nicht mehr hatte lachen hören. Wir waren also doch auf dem richtigen Weg!

4 mal in der Woche konnte er nun dorthin gehen da er mittlerweile auch schon Pflegestufe 4 hatte. Man konnte also doch noch ein wenig Lebensfreude rauskitzeln….

Neue Schwierigkeiten

Das war schon eine kleine neu gewonnene Freiheit für mich, da ich ihn versorgt wusste und mir auch mal etwas Ruhe gönnen konnte. Doch man darf sich nie zurücklehnen und denken, dass alles läuft. Es gab nach einigen Wochen immer wieder Überraschungen.

Einmal konnte ich sogar ein Frühstück draußen arrangieren, alles improvisiert, aber immerhin. Es sollte das letzte

Frühstück draußen mit meinem Mann sein!

Er fing plötzlich an immer weniger Flüssigkeit zu sich zu nehmen, aber wir merkten es zu spät!Eines Tages brach er mir wieder zusammen und die Sanitäter sollten mir helfen ihn aufzuheben, doch da sagten sie er müsse in das Krankenhaus, da er unter Dehydrierung litt und er etwas verwirrt war. Sie vermuteten daher kämen diese Art von Schwächeanfällen. Der Flüssigkeitsverlust beeinträchtigte auch die Gehirnfunktion und das wiederum seine anderen Probleme. Im Krankenhaus sagte dann eine Ärztin zu mir, dass ich bei dem unterschiedlichen Größenverhältnis gar nicht in der Lage sein könnte diesen Mann zu Hause richtig zu versorgen.

Das war wieder so ein Schlag in mein Gesicht!!! Ich hatte es doch meinem Mann versprochen, ihn nie in ein Heim abzuschieben! Alles was in meiner Macht stehen würde, würde ich auch tun um das zu verhindern!

Dann musste auch noch die Tagespflege zu machen und ich stand wieder da, wo ich schon mal war!

Gunter durfte trotzdem gleich nach zwei Infusionen wieder nach Hause und dann wurden alle Pflegerinnen von mir angehaltenbei jedem Besuch ihm Wasser hinzustellen und zu beobachten, ob er es auch trinkt!

Das wäre doch gelacht, wenn wir das nicht in den Griff bekommen würden, nachdem, was wir schon alles geschafft haben.

Resignation und Kampf

Der Juli plätscherte so dahin und der August brachte nichts Schönes außer dem Wetter! Gunters Krankheit machte immer mehr Versuche ihn ganz in Besitz zu nehmen. Da er eigentlich mit allem Probleme hatte, weil er in keinem Körperteil mehr Gefühl hatte und besonders nachts musste er mich mehrmals wecken, da ich ihm die Urinflasche halten musste, sonst ging das des Öfteren auch daneben, wenn er mich nicht extra wecken wollte! Dann musste halt wieder das Bett frisch gemacht werden, aber manchmal war er sich sicher, dass alles gut ging und er spürte nicht einmal, das alles nass war! Es war so deprimierend für ihn, als auch für mich. Aber noch schlimmer war, dass er nicht mehr im Sitzen gerade bleiben konnte. Er bekam dann so eine Schräglage, ganz plötzlich, dass der Rollstuhl umkippen konnte! Selbst wenn man ihn aufrichtete kippte er gleich wieder!

So dann auch wieder an dem bewussten Tag im August: Ich war Gott sei Dank zu Haus und nachdem es mir auffiel, sagte ich zu ihm, es sei besser, wenn er sich vielleicht mal eine Stunde ins Bett legen würde, dann ist es vielleicht schon wieder besser! Bei dieser Aktion ging es dann schief und er lag vorm Bett! Nicht verletzt, aber ich musste wieder einmal Hilfe holen.

Diesmal war ein sehr aufmerksamer Sanitäter dabei, der ihn auch ein wenig untersuchte, es kam ihm alles komisch vor und er sagte, es würde ihn beruhigen, wenn er meinen Mann ins Krankenhaus bringen könnte. Er vermutete sogar eine Vorstufe zum Schlaganfall!

Dieser Verdacht bestätigte sich aber zum Glück nicht. Und doch war von da an alles anders!!!

Wieder eine neue Herausforderung

Es sollte doch alles etwas leichter werden, jetzt wo vieles angepasst war. Er die Möglichkeit hatte unter Leute zu kommen und auch das Duschen wieder möglich war...

Ich wusste nicht was ich noch hätte tun können oder ändern sollte. Na dann: Nach vielen Gesprächen mit Schwestern und Ärzten und auch mit unserem Pflegedienst und meiner Freundin kam immer mehr nur ein Resultat heraus:

Zu seinem eigenen Schutz musste er 24 Stunden betreut werden, aber das war in unserer kleineren Wohnung gar nicht mehr möglich. Ich musste aufgeben, um ihn zu schützen! Ich mag es nicht mehr ausführen was das für mich bedeutete, alle bisherigen Anstrengungen waren umsonst. Ich konnte mein Versprechen nicht mehr halten, ohne ihn selbst damit zu gefährden! Aber nicht nur damit genug, nein man muss sich auch noch das Heim selbst suchen, als ob man nicht schon genug zu verdauen hätte!

Ich musste also meinen Mann ins Pflegeheim bringen und nicht zu einer Kurzzeitpflege, sondern für immer!

Natürlich haben wir darüber geredet und immer noch versucht einen anderen Ausweg zu finden, aber es fand sich keiner!

Die Suche musste aber natürlich auch wieder nebenher laufen, aber ich hatte Glück im Unglück. Ganz in der Nähe, nur 500 Meter weit weg und noch an der Strecke zu einem schönen Gassi-Weg . Ich konnte so wieder zwei Fliegen mit einer Klappe schlagen. Meinen Mann nach der Arbeit besuchen und gleichzeitig mit dem Hund eine Runde drehen, damit das nicht noch obendrauf käme!

Doch es war noch kein Platz frei! Dong, wie ein Gongschlag traf es mich wieder: „Sie wären dann bei uns auf einer Warteliste, aber schon weit oben , auf

Platz drei!"--- In diesem Moment denkst du nur an deine Situation und dann hörte ich mich tatsächlich so saublöde fragen: „So Platz drei! Was haben Sie denn für Erfahrungswerte? Wie lange kann das dauern? Muss ich mich auf Wochen oder Monate einstellen?"

Schock und Demütigung

Der Heimleiter am Telefon war aber sehr freundlich und gefasst, er merkte wohl, dass ich mir schon selbst auf die Lippen gebissen hatte, als ich registrierte, was ich für einen Mist gefragt habe! Er antwortete in ruhigen Ton: „Ja, wissen Sie, das kann ich Ihnen nicht sagen! Wir wissen auch nicht, wann der nächste st…."

Ich fiel ihm gleich ins Wort: „Bitte vergessen Sie das ganz schnell wieder! Ich weiß es schon, vielen Dank! Bitte tragen Sie meinen Man gleich ein und melden Sie sich, ja danke!"

Das ist leider die traurige Wahrheit, wenn einer rein will, dann muss zuerst einer sterben, weil aus anderen Gründen geht sehr selten jemand wieder aus einem Heim raus! Es machte mir wieder einmal klar, wie endgültig dieser Schritt jetzt wohl sein würde!

Jedoch an die weitere Zukunft hatte ich keine Zeit zu denken, denn ich wusste ja dass ein Heim nicht billig werden wird! Gott sei Dank konnte mein Mann noch im Krankenhaus verweilen, da immer noch irgendwelche Untersuchungen nicht abgeschlossen waren. Außerdem bekam er noch einen Termin in Tübingen um seine Drainage zu kontrollieren.

Zu den Ämtern muss ich dann noch sagen, wenn man einen Zuschuss zum Heim beantragen will, dann muss man alles vorlegen und seine ganzen Einkünfte wurden auf Herz und Nieren geprüft. Und wehe man ist nicht ganz mittellos, da wird immer weiter gesucht. Dann wird gerechnet und kalkuliert und mir als Ehefrau bliebe nur ein Minimum zu Leben! Aber das ist ja auch alles gut, solange ich ihn nur gut unterbringen kann!

Bescheinigungen von der Bank, der Wert vom Auto wurde taxiert, und alles aufgerechnet. Man kommt sich vor wie ein Schmarotzer, dabei hat man doch sein Leben lang gearbeitet. Dazwischen immer wieder ins Krankenhaus zum Besuchen und arbeiten gehen und Hund ausführen , es war einfach keine Ruhe zu finden, bis alles ins Laufen kam. Aber das soll hier kein Gejammer sein, es war halt so. Abends fiel man ins Bett und war todmüde! Morgens früh raus und den Tag planen und alles besorgen, nichts vergessen!

Irgendwann war dann alles zusammen und er konnte mir eine Zusage geben, aber erst wenn unser Privatvermögen aufgebraucht sei! Doch dieses Barvermögen war die noch offene Restzahlung auf unsere kleine Wohnung! Doch da es sich auf meinem Konto befand wurde das nicht anerkannt. Auch das

Bestätigungsschreiben von unserer Baufirma wurde ignoriert. Wie kommt man aus der Sackgasse wieder raus? – Gar nicht! Gunter musste so bald als möglich in ein Pflegeheim, egal wieviel mir nachher zum Leben bleibt!

Ich einigte mich mit dem Beamten, dass die erste Zeit das Heim von uns alleine getragen wird, bis das Geld alle ist und dann wird der Antrag neu eingereicht und es ist ja von Vorteil, wenn schon alles abgeklärt wurde, dann geht es viel schneller, nachher! Aber das Schicksal musste immer das letzte Wort haben:

Dann kam noch eine Belehrung des Beamten, welche er aussprach, ohne über den Sinn darüber nachzudenken! So wie ich am Telefon des Heimleiters!

Er sagte wörtlich: „ Bitte bedenken Sie aber auch bitte, dass diese Zahlungen nur eine Art Vorschuss sind! Wenn Sie dann die zweite Hälfte der Wohnung von Ihrem Mann erben, dann müssen

Sie diese Zahlungen aus dem Erbe zurückzahlen!!"

Ich war entsetzt:" Wissen Sie, was Sie eben zu mir gesagt haben?" Ich konnte mich nicht so beherrschen wie der Heimleiter; „Sie sagten eben , nur mit anderen Worten zu mir: Wenn mein Mann vorher sterben würde, dann wäre das finanziell besser!" Was dieses Gespräch in mir ausgelöst hat möchte ich gar nicht beschreiben!

Heim Zeit

Vielleicht brauchte ich aber auch so einen Kick, damit ich wieder die Energie für das Bevorstehende aufbringen konnte, ich weiß es bis heute noch nicht genau. Ich besuchte das Heim, schloss den Vertrag so weit ab, bis auf das Datum und regelte alles mit der Krankenkasse.

Dann kam der Anruf und jetzt musste alles ganz schnell gehen, um den Einzugstermin festzulegen, aber dank meiner intensiven Vorarbeiten ging alles Reibungslos! Wir konnten alles passend machen, er wurde aus dem Krankenhaus abgeholt und nach Tübingen gebracht zur Untersuchung und von dort direkt in das Pflegeheim! Ich war so traurig, aber auch gleichzeitig erleichtert, denn ich konnte ihn jetzt versorgt wissen, aber es zerriss mir das Herz. Aus meiner Ehe wurde eine Art Fernbeziehung!

Das Zimmer war nicht besonders schön, aber er hatte alles, was er brauchte und sogar einen Fernseher mit seiner ihm bekannten Fernbedienung konnte ich ihm in das Zimmer stellen. Kleide hochbringen und Toilettenartikel, Medikamente alles wie drei Monate vorher beim Umzug, nur meine Sachen eben nicht! Die Pfleger und alles Personal, welches ich dann kennenlernte, waren so nett und behandelten ihre Patienten wie Freunde. Das erleichterte mir viel, auch dass Gunter sofort mit dem Hausmeister sehr gut konnte, und auch ganz bald eine Lieblingspflegerin hattte.

Ich beruhigte mich dann langsam wieder und stellte mich auf die neue Situation ein, besuchte meinen Mann so oft es ging und durfte auch Caspar mitbringen , allerdings musste Caspar erst eine kleine Runde durch das Heim laufen, weil viele so vernarrt in ihn waren und er machte das gerne mit! Gunter freute sich sogar so sehr darüber, dass der kleine so beliebt war, dass es ihm nichts ausmachte, wenn ich ihn nicht gleich begrüßen konnte.

Allerdings hatte die Pandemie uns immer noch im Griff und wir sollten auch den Abstand einhalten und nach geraumer Zeit wurde mir auch verboten in den Aufenthaltsraum zu kommen, wir durften uns nur noch im Zimmer treffen, mit Maske auf, das wurden die wenigen Zärtlichkeiten noch einmal eingeschränkt, um ihn nicht zu gefährden, da er ja zur Risikogruppe gehörte!

Die Beschränkungen wurden immer mehr ausgeweitet, man durfte eben nur noch unter bestimmten Auflagen in das Heim, aber alles Sachen, mit denen man sich arrangieren konnte. Wir konnten uns sehen und miteinander reden! Es war anders als eine Ehe, aber wir fanden uns damit ab! Er lebte nur noch für die wenige Zeit am Tag, wo ich ihn besuchte und ich schaute, dass alles lief, was laufen sollte! Arzttermine ausmachen, mit dem Heim absprechen und Medikamente besorgen, seine Wünsche erfüllen, wenn irgend möglich ihn zu begleiten und wenn ich doch arbeiten musste, dann dafür sorgen dass er begleitet wurde! Ich hatte nicht mehr Zeit für mich, denn alles verlangt immer sehr viel Zeit ab ind dieser für alle Menschen so schweren Zeit!

Auch an Gunter ging die schwere Zeit nicht spurlos vorbei, er wurde immer schwächer und irgendwann sagte er nach einer haben Stunde und später schon nach einer viertel Stunde, dass ich wieder gehen könnte!

Auch sein Schriftbild hat sich ganz schnell verändert und man konnte die letzte Unterschrift auf einer Vollmacht kaum noch entziffern! Ich wusste, dass er mich nicht loswerden wollte, aber er hatte keine Kraft mehr sich zu konzentrieren! Er merkte die Veränderung auch und drückte sich davor überhaupt noch etwas zu schreiben.

Die Batterien der Fernbedienung waren auch sehr schnell leer, da er den Daumen so oft draufhielt, und auch sowieso schon oft umschaltete, weil er keine ganze Sendung mehr verfolgen konnte!

Das merkte man nicht, wenn man ihn länger nicht gesehen hatte, aber ich spürte die Veränderung fast täglich! Jeder Tag war anders, immer wieder eine Überraschung! Heute kann ich die Menschen verstehen, die sich so einer Situation nicht stellen können, weil sie so große Angst davor haben, aber für mich stellte sich diese Frage nicht! Ich habe mein Versprechen gehalten, auch wenn ein Aufenthalt im Heim der einzige Weg für meinen Mann und mich war! Und doch fühle ich mich schuldig!

Irgendwann merkte ich aber, auch meine Kräfte ließen nach, die ganze Situation hat mich so sehr bewegt und auch wenn ich die Pflegemaßnahmen nicht mehr selbst machen musste und auch keine Wäscheberge mehr zu Haus hatte, ich war fertig! Ich durfte ihn das aber nicht spüren lassen! Ihn dort so sehen zu müssen, und noch schlimmer, ihn dort so zurücklassen zu müssen, alles das macht etwas mit einem, was man nicht beschreiben kann und es kostet viel Kraft. Von unserer Liebe war ich immer überzeugt und auch dass sie alles aushalten konnte, was hatten wir denn für eine Wahl!?

Horror

Der Körper ist schon ein wahnsinnig kompliziertes Ding und harmoniert mit dem Geist darin so wundervoll, wenn er nicht krank ist!! Eigene Bedürfnisse werden verdrängt, man funktioniert, weil es nicht anders geht, weil man seinem geliebten Menschen beistehen will und man glaubt an die Liebe und die kann so viel Energie freisetzen und übertragen! Plötzlich kann man über sich hinaus wachsen und Ekel überwinden oder was auch immer, fast alles ist möglich! Auch eine Erfahrung, die man in solchen Zeiten macht und ich dankbar dafür!

Wir hatten uns mit diesem Leben arrangiert, jedenfalls ich, denn ich kann ja nur für mich sprechen. Ich sah meinem Mann natürlich an, dass er nicht glücklich war, aber mit Bildern auf dem Smartphone ließ ich ihn immer an meinem Leben „da Draußen" teilhaben. Ich bestellte auch ein Kissen mit meinem Foto, damit er mich in der Nacht bei sich hatte. Aber manchmal dachte ich auch, vielleicht quäle ich ihn gerade damit, weil er das alles gar nicht mehr konnte! Das alles zerriss mich , und er hat sich nie beklagt darüber, er nahm es einfach nur hin…..

Wie kann man jemandem eine Freude machen, der sich über nichts mehr freut? Wenn man vielleicht sogar das Gegenteil bewirkt!

Mein Körper sagte mir manchmal: „Mach langsamer!" Aber erhört habe ich ihn nicht, keine Zeit!

Wenn du immer nur hin und her rennst, dann fängt der Körper an

Signale zu senden, die man erst einmal gerne zur Seite schiebt!

Bei mir waren das immer wieder kehrender Schwindel! Instinktiv wusste ich schon, dass es davon kommt, aber wir hatten doch schon nur noch so wenig Zeit zusammen, da musste ich doch weitermachen! Der Hund war unser Baby und den wollte ich auch nicht vermissen! Er gab mir so viel, wenn schon mein Mann nicht mehr bei mir sein konnte! Schweren Herzens begann ich zu überlegen, wie ich mir Verschnaufpausen einrichten konnte!

Ich war immer für Gunter erreichbar, wenn ich nicht bei ihm war, dann über das Telefon und das war einfach zu viel! Ich musste Grenzen setzen und ihm klar machen, dass es Zeiten geben muss, in denen ich nicht erreichbar bin. Das war keine einfache Entscheidung und es fühlte sich immer an, wie eine Entscheidung gegen ihn!

Am 26.November saß ich abends bei ihm und fasste mir meinen ganzen Mut zusammen: „ Du Schatz, weißt du Morgen ist Freitag und ich muss eine Stunde früher anfangen zu arbeiten, als schon um 12.00 Uhr bis Abends! Wäre es sehr schlimm, wenn ich morgen einmal nicht komme?" Er sagte darauf erst einmal: „Warum?"-Jetzt durfte ich aber nicht zurück: „Naja, wenn, dann hätte ich nur vormittags etwas Zeit, aber da sollte ich auch zweimal mit Caspar laufen und einkaufen muss ich auch, dann bringe ich Caspar zu meiner Freundin und muss dann 7 Stunden arbeiten. Da bin ich einfach kaputt, verstehst du?" Da kam erst einmal betretenes Schweigen, er machte sich keine Gedanken darüber, wie sehr mich das alles beanspruchte!

„Und am Samstag muss ich gleich früh auch wieder arbeiten, aber da komme ich dann direkt nach der Arbeit zu dir!" – Er überlegte einen Moment, aber dann willigte er schweren Herzens ein! Mir viel ein Stein vom Herz!

Am Samstag rief ich ihn gleich nach dem Aufstehen an und meldete mich für Mittags an. Es ging ja nur noch mit Anmeldung ins Heim! Da sagte er zu mir mit rauer Stimme: „Ich bin ein wenig erkältet, aber nicht schlimm, ein wenig kratzen im Hals, aber du kommst doch trotzdem!?!"

Was das hätte bedeuten sollen habe ich nicht einmal im Entferntesten überlegt! Und ich sprach wie ferngesteuert: „Gestern war doch Badetag , haben sie dich im Zug stehen lassen, oder war vielleicht dein Fenster offen?"

Es sprudelten lauter Möglichkeiten in meinem Kopf herum, was die Ursache hätte sein können, aber die allerschlimmste natürlich nicht! Das wollte ich ja auch gar nicht und doch war ich mit meinem Kopf nicht richtig bei der Arbeit, aber aussprechen war undenkbar! Ich verbot meinem Kopf über das Schlimmste nachzudenken , das ist ein seltsames Gefühl, als eigentlicher Realist, der den Tatsachen gerne in die Augen schaut! Habe zum Feierabend noch ein paar Fischsalate mit eingepackt, weil die Gunter so gerne aß und holte Caspar ab.

Alles wie sonst auch und dann klingelte ich an der Tür zum Heim! Es dauerte nicht lange und dann fragte jemand: „Wer ist da?" Ich sagte meinen Spruch wie üblich auf: „Kläger hier, wollte gerne meinen Mann besuchen!" Dann sollte eigentlich der Summer ertönen und die Tür sich öffnen lassen.—Aber nichts! Nur Geraschel im Lautsprecher! Das dauerte alles sehr lange bis endlich die vertraute Stimme von Gunters Lieblingspflegerin zu hören war: „ Andrea, warte ich komme runter!" Eine Frau, die eigentlich immer einen blöden Spruch oder einen Witz parat hatte, aber so kurz und knapp war sie sonst nie! Das machte mir ein komisches Gefühl, aber an das eine dachte ich nicht, ich hatte es mir ja verboten!

Die Tür hatte viele kleine Glasfenster und man konnte den ganzen Flur einsehen bis zur Treppe! Es dauerte sehr lange, bis mir klar wurde, was passiert war! Ich erschrak bis ins innerste, als ich sie endlich durch die Tür kommen sah!

Es ratterte alles durch in meinem Kopf, wir befanden uns seit Februar in der Coronazeit und die Vorsorgemaßnahmen wurden auch eingehalten, aber gefühlt war das doch immer nur bei anderen! Und jetzt traf es mich wie ein Blitz, als ich die Frau im Schutzanzug vor mir stehen sah! Ihre Worte waren voller Trauer: „Andrea, ich darf dich nicht mehr reinlassen! Du siehst ja, was los ist!" Pause! Dann fasste ich mich wieder: „Ich verstehe, was genau ist mit Gunter? Er sagte am Telefon, dass er erkältet ist?!!"--- „Pass auf, das wollte ich dir gerne selbst sagen, ich musste nur erst den Anzug anziehen, deshalb hat es so lange gedauert! Wir haben hier 5 Bewohner mit einem positiven Test! Gunter ist nicht dabei, aber er zeigt die Symptome! Sein Test ist aber negativ! Wir Testen ständig und trennen alles, es muss irgendwie eingeschleppt worden sein, aber keiner weiß wie! Wir dürfen aber niemanden mehr ins Haus lassen!"

Das war der Horror, es kamen alle Empfindungen gleichzeitig in mir hoch, ich fühlte mich als würde ich platzen und war wie eingefroren, konnte mich eine Weile nicht bewegen! Dann als ich wieder denken konnte sagte ich: „Okay, ich verstehe, ich vertraue Euch, ich frag auch nicht wer es reingebracht hat, aber wie geht es jetzt weiter? Würdest du ihm die Salate bringen, dann weiß er wenigstens, dass ich da war! Ich gehe jetzt erst mal Heim und rufe dann an und rede mit Euch am Telefon noch mal! Ihr habt jetzt genug Stress!" – „Ja, das machen wir, es tut mir so leid, Andrea!"— „Es ist, wie es ist! Du kannst auch nichts dafür, wir müssen jetzt alle vernünftig bleiben!"

Das war mal wieder typisch für mich! In mir bricht die ganze Welt zusammen, aber nach außen sage ich: „ Schauen wir mal, wie wir da rauskommen!"

Es bleibt nichts als hoffen

Die Tür fiel wieder zu! Da standen wir nun, mein Hund und ich! Und wir wussten nicht weiter. Dann kamen die Tränen und wir gingen zusammen unseren gewohnten Weg nach unseren Heimbesuchen! Zur großen Wiese gleich hinter dem Pflegeheim! Ich lief wie in Trance und sendete Stoßgebete zum Himmel, Gott möge meinen Mann verschonen! Ich merkte nichts mehr!

Als ich dann so 200 Meter vom Heim weg war vermisste ich meinen Hund! Ich drehte mich um und das packte mich dann nochmal: Caspar verstand das alles noch weniger als ich! Wir besuchten doch immer Herrchen und jetzt gehen wir einfach weg, ohne reinzugehen!

Er war mit mir noch die große Treppe hochgelaufen und dann blieb er mitten auf der Wiese sitzen. Er starrte so 10 Meter vom Heim entfernt in Richtung Heim und blieb sitzen und alles Rufen von mir wurde überhört!

Wieder so ein Märchen, so was gibt es doch nur im Film oder? Hat er vielleicht schon viel mehr gespürt als ich?

Ich lief zu ihm hin und nahm ihn an die Leine, denn nur so ging er wenigstens zögerlich mit!

Zu Hause war mein Kopf dann wieder etwas klarer, und ich rief zuerst bei meinem Mann an! Doch das beunruhigte mich nur mehr, denn seine „Erkältung" war innerhalb weniger Stunden so schlimm, dass er das Telefonat sehr schnell beenden musste!

Als nächstes rief ich den Heimleiter an und er bedankte sich bei mir, dass ich so nüchtern reagiert hatte! Wir versuchten die Situation noch einmal zu rekonstruieren, da ich ja in dieser Woche auch zu Besuch im Heim war. Es wäre also durchaus denkbar, dass es mich auch erwischt hätte!

„Ja, das ist denkbar, Frau Kläger, danke , dass Sie uns da helfen denn bei einer Inkubationszeit von 2-3 Tagen hat das

Virus vielleicht schon den Weg ins Heim gefunden!"

Er machte mir jetzt Angst: „Nun, wie bekomme ich jetzt schnellstens raus, ob ich auch was habe? Sie wissen, dass ich in der Metzgerei arbeite, ich mag gar nicht daran denken!"

Da konnte er mir ein Angebot machen: „Also unter diesen Umständen kann ich Ihnen anbieten, dass wir Sie einmal testen! Können Sie morgen früh um 9.00 Uhr bei uns vor der Tür stehen? Dann machen wir den Test an der Tür und Sie müssen halt in der Kälte warten, aber wenn Sie darauf vorbereitet sind ist das ja nicht so schlimm! Wir können dann auch besser eingrenzen, woher es kam!"

So nun stand ich vor der Frage, sollte ich Panik machen und sofort meinen Chef anrufen oder erst abwarten?

Es ist nicht möglich zu beschreiben, was man fühlt, wenn man in allerhöchster Sorge um seinen liebsten Menschen aber trotzdem aufpassen muss sich nicht zu gefährden! Ich telefonierte noch einige Male mit Gunter und ich versuchte ihn zu beruhigen und er versuchte mich zu beruhigen! Das war ein ganz falscher Film, der hier ablief! Hatten wir denn nicht schon genug mitgemacht? Immer wieder diese Schläge vom Schicksal, rauf und runter, Angst und Hoffnung, alles immer Schlag auf Schlag! Zum Weglaufen und einfach nur schreien….

Zwischendurch immer wieder in mich hineinhorchen, husten, nießen oder sonst irgendetwas ungewöhnliches? Die Körpertemperatur maß man ja fast automatisch schon in gewissen Abständen!

Eigentlich nein, ich war nur müde und hatte Angst, war verzweifelt! Auch mit Freundinnen darüber reden half nicht, denn auch sie konnten mir nicht helfen!

Dieser Samstag wollte nicht zu ende gehen und doch war es irgendwann Sonntagmorgen! Dann stand ich endlich wieder vor dieser schrecklichen Tür!

Als ich dann an der Reihe war hatte ich keine Angst mehr vor diesem Test. Nach dem Abstrich kam wieder das Warten, die 20 Minuten waren so lange! Aber Gunter war doch noch so viel ärmer dran! Da wird man immer kleiner und hilfloser!

Dann kam das Ergebnis: „Frau Kläger, negativ! Und Ihr Mann übrigens auch! Danke, dass Sie mitgemacht haben!"

Bleibt noch zu erwähnen, dass ich mich dazu entschlossen hatte meine Filialleiterin anzurufen und intern mit ihr besprochen hatte, was Sache war! Wir vereinbarten sie auf dem Laufenden zu halten, aber keine Panik auszulösen! Doch jetzt konnte ich ihr Entwarnung geben! Wir beschlossen dann aber mich krank zu melden, bis ich das Ergebnis von einem PCR-Test hätte!

Gunter ging es nicht gut, er hatte einen schlimmen Husten, der sich aber sehr seltsam anhörte! Da war so ein Würgen dabei, das war ganz sicher nicht normal, ich fing an zu Zweifeln. Uns blieb als Nähe nur das Telefon, nicht einmal mit Bild, wir waren völlig abgeschottet voneinander! Es war das schrecklichste Wochenende meines Lebens!

Gewissheit

Am Montagmorgen rief ich natürlich gleich in der Früh meinen Mann an und wartete vergebens auf seine Stimme! Dann rief ich bei der Heimleitung an und wollte nachfragen!

„Hallo Frau Kläger, ja dazu muss ich Ihnen eine Schlechte Nachricht überbringen! Seit gestern Abend mussten wir Ihrem Mann eine Maske aufsetzen, wir hatten Sorge, dass er nachts nicht genug Sauerstoff bekommen würde. Es hatte sich stündlich verschlechtert und heute Morgen ist der Test positiv! Wir werden die Maske auch wieder absetzen, aber solange er sie auf hat, kann er nicht telefonieren. Vielleicht probieren Sie es später noch mal!"—Er redete und redete und mir wurde erst nach dem Auflegen des Hörers klar, was er eigentlich gesagt hatte!

Und jetzt???

Beten , bangen , hoffen, es sollen auch Menschen schon überlebt haben! Alle paar Stunden rief ich an und erkundigte mich, aber bald besann ich mich darauf, dass ich den Pflegern eigentlich nur die Zeit stahl. Sie mussten versuchen Leben zu retten und mein Mann war nicht der Einzige! Ich besprach das mit einer lieben Pflegerin und drang darauf, dass sie meinem Mann immer sagen sollte, dass ich immer anrief.! Verständnisvoll sagte sie zu mir: „Ja, das mach gerne, wir wissen das alle und wenn ich das nächste mal zu ihm gehe, dann ruf ich dich an und halte ihm den Hörer ans Ohr, damit er dich wenigstens hört! Er hat so eine Angst um dich, dass du nur gesund bleibst!"

Die Familie sollte ich zwischendurch auch immer auf dem neuesten Stand halten. Klar machten sich sein Bruder und seine Tochter auch Sorgen, aber die mussten auch nicht alles regeln, nebenher! Und jedes Telefonat und der Bericht zogen mich jedes Mal wieder total runter! Und dann immer diese blöden Phrasen, die jeder von sich gibt: „Wenn du das nächste Mal mir ihm sprichst, dann grüß ihn von mir!" oder: „Konntest du ‚mit ihm sprechen? Was hat er denn gesagt?"

Es konnte sich keiner vorstellen, dass Gunter so schwach war, dass er nicht einmal ein Telefon halten konnte, geschweige denn einen ganzen Satz sprechen! Als sie dann noch fragten, was ich denn zu ihm gesagt hätte, da platzte ich heraus: „ Das ich ihn liebe, weil das alles ist was wichtig ist!! Und damit du es gleich weißt, er konnte nur noch drei Worte sagen: Ich dich auch! Zu mehr reichte seine Luft schon gar nicht mehr! „Das war das vorletzte Telefonat, welches ich mit meinem Mann führen durfte!

Inzwischen war es Donnerstag und ich erhielt mein PCR- Ergebnis: NEGATIV! Sofort rief ich wieder im Heim an und erwischte wieder eine der besonders lieben Pflegerinnen: „Da freu ich mich, Andrea! Denn immer wenn er mal zu

sich kommt, dann haucht er nur:
Andrea auch Corona? Jetzt kann ich ihn
guten Gewissens beruhigen und muss
nicht lügen!"

Danach rief ich im Geschäft an und
teilte das Ergebnis mit und wurde
prompt gleich für den Freitagmittag
eingeteilt! Aber vielleicht tut die
Ablenkung ja gut, dachte ich!

Ohne Überschrift

Klingt doof, aber ich weiß nicht, wie
dieses Kapitel überschrieben werden
sollte!

Donnerstagsabends fragte ich noch
einmal nach seinem Zustand und
bekam keine guten Antworten! Er
brauchte die Sauerstoffmaske am
Anfang nur Nachts und dann immer
öfter auch am Tag und jetzt fast schon
ständig! Doch Corona verbot mir ihn zu
sehen oder seine Hand zu halten, das
war so schrecklich….

Ich verfolgte so viele Berichte im
Internet und Fernsehen, und hoffte

immer, dass ein Wunder geschehen würde!

Freitags in der früh erreichte ich niemanden und wurde nach jedem Anruf nervöser, bis ich wieder einmal mich selbst beruhigen konnte: Das muss ja kein schlechtes Zeichen sein, sie sind bei ihm und haben bestimmt noch mehr Infizierte, die haben einfach keine Zeit zu telefonieren. Also erst Kaffee trinken und mit dem Hund raus, aber ich traute mich nicht einmal in die Nähe des Heims! So könnte sich auch ein Drogenentzug anfühlen, einfach schrecklich und hilflos!

Als ich nach Hause kam klingelte das Telefon, Gunters Hausarzt war dran und bat mich, mich erst einmal hinzusetzen: „ Frau Kläger, wir müssen jetzt einmal etwas besprechen, bitte denken sie nach, haben Sie und Ihr Mann einmal eine Patientenverfügung gemacht?"

Ich zitterte!

„Bei uns ist da leider noch nichts vermerkt oder hinterlegt, aber ich kenne Sie ziemlich gut, dass ich glaube Sie haben bestimmt etwas geregelt!"—

„Ja, das haben wir alles gemacht, Ehevertrag, Patientenverfügung und Generalvollmacht! Aber was ist passiert?"-

„Wir haben das wahrscheinlich beim Wechsel des Hausarztes vergessen Ihnen auch zu Fotokopieren, aber warten Sie bitte einen Moment, dann kann ich es Ihnen vorlesen!" Ich konnte gar nicht seine Antwort abwarten, denn ich fühlte nur, dass es dringend und wichtig ist! Ich hörte ein Seufzen an der anderen Seite der Leitung!

„Lesen Sie mir bitte nur kurz vor wer entscheiden darf! Sind Sie dort ausdrücklich aufgeführt?"- „ Ja, wir haben uns gegenseitig eingesetzt!"- „ Ja, das ist sehr gut, Ihr wart sehr umsichtig. Das wird uns vieles erleichtern. Lesen Sie den genauen

Wortlaut kurz vor und bringen Sie mir dann schnellstens eine Kopie vorbei, ja!"

Ich konnte nicht mehr fragen, was denn eigentlich los sei, aber natürlich hieß das nichts Gutes.

Von ihm selbst gezwungen sein Todesurteil auszusprechen!

Dann ergriff der Dr. aber von selbst noch einmal das Wort: „Es ist folgendes Frau Kläger, durch das Liegen hat Ihr Mann starke Schmerzen vom Wundliegen, er kann sich ja nicht selbst umdrehen. Und ich kann ihn in seinem Zustand aber nicht fragen, ob ich ihm ein Morphium Pflaster verschreiben darf! Aber, da Sie eingesetzt sind dürfen Sie mir das erlauben, da kann ich das Rezept gleich fertig machen und er bekommt es ganz schnell! Dann noch eins, möchten Sie, dass er in die Klinik verlegt wird?"-Jetzt wurde mir bewusst, was ich damals für eine Verantwortung unterschrieben hatte! Aber ich liebe diesen Mann und werde mich dieser Verantwortung stellen! Ich war etwas überfragt, aber der Arzt nahm sich die Zeit und führte mich auf dem Dokument zu den wichtigen Stellen! Fast wie ein guter Bekannter sprach er mit mir doch er musste mir noch eine wichtige Frage stellen: „Wissen Sie, so wie es aussieht wird es schlimmer werden und wir müssen wissen wie wir ihm helfen dürfen! Wie lautet der Satz mit den Lebensverlängernden Maßnahmen?"- Ich überflog die Unterlagen und sagte: „Er ist unglücklich und hatte schon lange keine Lebensfreude mehr. Aber dort im Heim hatte er Freunde gefunden, ich würde ihn gerne dort belassen, solange es geht! Ja hier steht: Keine Lebensverlängernde Maßnahmen! Aber dürfte ich das auch außer Kraft setzen?"- „Darüber reden wir dann noch einmal, wir belassen es so und versorgen ihn, dass er keine Schmerzen hat, dann sehen wir weiter!" Gunter hatte sich doch gerade erst dort eingelebt, seit September war er nun in diesem Heim und hatte dort Leute gefunden, mit denen er sich auch gut verstand.

So hatte ich wieder meine Aufgaben und nun wurde es aber immer ernster und ich konnte mich nicht mal an seine Schultern lehnen, auch wenn er mir nicht helfen konnte, aber zu spüren, dass er da ist….und das er mir voll vertraut und vor allem, dass ich es richtig mache!

Du kriegst alles hin, was verlangt wird, aber innerlich zerbrichst du dabei!

Dieses Versprechen hatten wir uns kurz nach der Hochzeit gegeben, gegenseitig, wir wollten uns gegenseitig nicht dahinsiechen sehen, sondern einen würdigen Abgang verschaffen, sofern das möglich ist! Es hatte damals etwas von einem edlen Versprechen und jetzt fühlte es sich an, als hätte ich sein Todesurteil ausgesprochen! Gott steh mir bei! Sieht so Liebe aus? Da konnten noch so viele zu mir sagen: „ Er hat es doch selbst so gewollt! Und du hast alles richtig gemacht! Es war seine Entscheidung1" Aber ich fühlte mich schmutzig und schuldig!

Ich wollte schon gar nicht mehr in dem Heim anrufen um mich nach dem neuesten Stand zu erkundigen, denn auch das kam mir schlimm vor! Doch ich fasste mir noch mal den ganzen Mut zusammen und rief an: „ Frau Kläger, was für ein Zufall, ich mache mich gerade zurecht und gehe in das Zimmer Ihres Mannes wollen Sie, dass ich Sie aus dem Zimmer gleich anrufe, dann kann ich ihm wieder den Hörer hinhalten. Er ist zwar noch schwächer geworden, aber vielleicht kann er Sie ja hören?"—Unter Tränen und starkem Herzklopfen bejahte ich natürlich!

Kurz darauf ging das Telefon und ich rief verzweifelt in den Hörer: „Hallo Schatz, ich bins! Du musst kämpfen, bitte lass mich nicht allein!" An der anderen Seite vernahm ich nur ein Röcheln, aber ich hatte das Gefühl, es sollte eine Antwort sein, aber welche? Das wird mir nie jemand beantworten können.

Auch am Wochenende konnte ich noch mit seinem Arzt telefonieren und er rang mir die Zustimmung ab, Gunter doch in die Klinik zu verlegen, denn die

Pfleger im Heim sagten sie seien jetzt an dem Punkt, wo sie nicht mehr weiterkönnten! Das Schmerzpflaster hatte nicht genug Wirkung und es wäre besser....

Am Montag wurde alles für den Transport in die Klinik vorbereitet und gleich am frühen Dienstag wurde er verlegt! Da setzte ich natürlich alles daran ihn besuchen zu können, und sei es auch nur durch eine Scheibe, aber sie blieben stur bei ihren Vorschriften!

Was dieser Virus aus uns macht ist so schrecklich! Ich bin mir bewusst, dass ich nur eine von vielen bin, aber es ist einfach zu beschreiben:

Bei allen meinen Tieren durfte ich auf dem letzten Weg bei ihnen sein, aber bei meinem Ehemann wurde ich ausgeschlossen, durfte ihm keinen Beistand leisten! Und als sei das noch nicht genug: Auch im Krankenhaus musste ich noch einmal alle Einzelheiten über die

Patientenverfügung vorlesen und noch mal bestätigen! Grausam!

Ich glaube in dieser Zeit bin ich ein anderer Mensch geworden! In mir starb jede Freude über schöne Dinge, ich kam mir wie gelöscht vor!

Am Donnerstag, dem 10.12.2020 verstarb mein Mann an den Folgen einer Corona- Infektion in der 2. Welle!

Und doch jetzt (ein gutes Jahr später) muss ich sagen, eigentlich hat Corona mir meinen Mann nicht genommen, es hat ihn erlöst. Genommen hat ihn mir dieses Schädelhirntrauma und was es alles in ihm ausgelöst hat! Das war schon lange vorher, nur seine Hülle war noch da!

Niemand wird mir je Gewissheit geben können, ob ich alles richtig gemacht habe, niemand kann mir die Zweifel nehmen!

Hat er vielleicht doch noch um sein bisschen Leben gekämpft in den letzten Tagen, hätte ich die Verfügung nicht

beachten sollen? Diese Antworten
werde ich nie erhalten!

Die Leere und die Zweifel betäuben

Da sagt man immer, man braucht Zeit zu trauern, aber in Wirklichkeit bekommt man sie gar nicht!

Es gibt dann so viel zu regeln und man hat keine oder nur wenig Zeit alle Formalitäten zu erledigen! Für alles erdenkliche gibt es eine Frisst, in welcher alles geschehen muss!

Wir hatten beide einen Körperspender-Vertrag mit der Uni geschlossen, weil wir nur so der Medizin einen kleinen Dienst erweisen konnten und dann heißt es wegen der Coronainfektion wird der Vertrag nichtig!

Wieder ein Versprechen, dass ich nicht einhalten konnte! Ich musste Gunter einäschern lassen und beschloss dann ein Grab im Wald der Erinnerung zu kaufen!

Das Wetter spielte mit, der Boden war nicht gefroren, so konnte am 18.12. 2020 die Beisetzung stattfinden!

So konnte ich daran denken, schon am 21.12. wieder arbeiten zu gehen, denn alle sagten ich solle mich ablenken!

Doch Verarbeiten ist unterschiedlich, jeder muss seinen eigenen Weg finden und von der Andrea, für die diese Art Ablenkung richtig und gut war, von der Andrea war nicht mehr viel vorhanden.

Ich war eine andere geworden, ich wusste es nur noch nicht!

Mein Tag war ausgefüllt mit Hund und Haushalt, aber meine Freude war weg!

Ich konnte mich an nichts freuen, weil ich es nicht mehr teilen konnte! Alles was mich hätte erfreuen können, löste das Gegenteil aus!

Meine Freundinnen taten was sie konnten, wir liefen Stunden durch den Wald, mal schwatzend, mal schweigend, das tat gut, aber dann…..

Ich hatte das Gefühl die Welt dreht sich immer schneller und ich komme nicht mehr mit! Ich brauchte für alles eine Ewigkeit und hatte auch plötzlich kein gutes Gefühl mehr beim Autofahren! Aber das kam alles so über mich, dass ich es nicht so schnell begriff! Ich hatte nie Angst vor dem Fahren und plötzlich war ich nur zum Einkaufen unterwegs und sonst rührte ich mein Auto nicht mehr an!

Meine Freundin gab mir wieder den Schubs und riet mir vielleicht doch Hilfe in Anspruch zu nehmen, bevor ich in ein Loch fallen würde, aus dem ich nicht mehr rauskomme!

Eigentlich wusste ich es ja schon, was er mir alles riet, aber tue dir mal etwas Gutes und freu dich an einer Sache, wenn du die Sache nicht einmal mehr mit deinem Partner teilen kannst! Und du noch außerdem das Gefühl hast, als hättest du deinen eigenen Mann auf dem Gewissen! Ich war ein anderer Mensch geworden, nicht mehr stark, sondern verdammt empfindlich,

ängstlich nicht mehr mutig! Das kannte
ich nicht!

Meine Welt hat sich verändert

Als ich merkte, dass alles mir nicht half, dachte ich daran einen Schnitt machen zu müssen!

Ich kündigte als erstes meine Arbeit auf, im Februar schon, aber ich ließ mir bis Ende Juli die letzte Frist!

Ich glaube alle haben bis zum Schluss gedacht, ich überlege es mir noch, aber nein, es war gut so!

Jetzt war ich seit August zu Hause und konnte in den Wald, wann immer ich Lust hatte und zu meinem Mann an das Grab, was mir auch immer gut tat (früher hätte ich das nie gedacht). Auch wenn ich nur ganz kurz mal vorbeischaute! Ich musste das nicht zelebrieren, nur mal „Hi!" sagen!

Im November ging es mir soweit ganz gut, dass ich sagte, ich will ein neues Leben anfangen, aber ich brauch noch ein wenig Hilfe! Und zum 01.12.2021 wurde mir eine Reha bewilligt!

Die Ruhe hat mir gutgetan und ich lernte, wie das ist, wenn man ausgeschlafen aufwacht!

Und ich fing an dieses „Buch" zu schreiben, einfach so von der Seele weg. Das war gut!

Es ist, wie alte Bilder anschauen, man erlebt das noch einmal und dann kann man es weglegen, aber es ist nicht verloren! Jetzt warte ich auf meine Reha und auf mein neues Leben!

Nachwort

Dieses Büchlein, wenn es eines wird, ist all den Trauernden gewidmet, welche keinen Abschied nehmen durften. Gott sei Dank hat der Mensch mittlerweile eingesehen, wie wichtig das ist!!!